Therese Müller/Beatrice Spinelli

Die Welt der Dinosaurier

3./4. Klasse

Kopiervorlagen

BRIGG Pädagogik

Gedruckt auf umweltbewusst gefertigtem, chlorfrei gebleichtem
und alterungsbeständigem Papier.

1. Auflage 2009
Nach den seit 2006 amtlich gültigen Regelungen der Rechtschreibung
© by Brigg Pädagogik Verlag GmbH, Augsburg
Alle Rechte vorbehalten.

Originalausgabe © 2004 elk *verlag* AG, CH-Winterthur, www.elkverlag.ch
Therese Müller/Beatrice Spinelli
Saurier

Das Werk und seine Teile sind urheberrechtlich geschützt. Jede Nutzung in anderen als den
gesetzlich zugelassenen Fällen bedarf der vorherigen schriftlichen Einwilligung des
Verlages.
Hinweis zu § 52 a UrhG: Weder das Werk noch seine Teile dürfen ohne eine solche
Einwilligung eingescannt und in ein Netzwerk eingestellt werden. Dies gilt auch für Intranets
von Schulen und sonstigen Bildungseinrichtungen.
Illustrationen: Carlo Spinelli

ISBN 978-3-87101-384-3   www.brigg-paedagogik.de

INHALTSVERZEICHNIS

3	**Inhaltsverzeichnis**
4	**Vorwort**
5	**Einleitung**
7	**Gestalten**
9	**Steckbriefe**
10	Dimetrodon
11	Brachiosaurus
12	Archaeopteryx
13	Apatosaurus
14	Stegosaurus
15	Compsognathus
16	Elasmosaurus
17	Protoceratops
18	Iguanodon
19	Diplodocus
20	Ankylosaurus
21	Pteranodon
22	Styracosaurus
23	Mosasaurus
24	Parasaurolophus
25	Struthiomimus
26	Tyrannosaurus
27	Triceratops
	Infoheft
29	Die ersten Funde
30	Sauriernamen
32	Die Zeit der Dinosaurier
35	Die Erde damals
36	Entstehung von Fossilien
37	Fossilien
38	Erfolgreiche Dinosaurier
39	Warm- oder Kaltblüter
40	Fortbewegung
41	Nahrung
43	Pflanzen- oder Fleischfresser
44	Größe
46	Groß und klein
47	Die Zähne
48	Schnelligkeit und Gewicht
49	Verständigung
50	Panzer – Knochenplatten – Hörner
51	Saurierkämpfe
52	Eier
53	Eier legen
54	Dinosaurier-Familien
55	Aussterben
58	Nach den Dinosauriern
59	**Fragen – Antworten**
79	**Lexikon**

VORWORT

ENTSTEHUNG DER MAPPE   Die Kinder wünschten sich immer wieder, die Saurier im Unterricht zu behandeln. So begannen wir, das Thema zu planen.

VORGESCHICHTE   Wir forderten die Kinder auf, alles mitzubringen, was sie zum Thema Saurier auftreiben konnten. Daraufhin füllten sich unsere Klassenzimmer mit Heerscharen von Plastiksauriern, mit unzähligen Büchern, Spielen, Videos und Postern. Auch Puzzles waren vorhanden, CD-ROMS und „echte" Dinosaurier-Eier.

SACHTEXTE   Was uns dann aber vor allem fehlte, waren stufen- und kindgerechte Sachtexte. Zudem waren viele Bilder zu wenig informativ.

INFOHEFT   In einer losen Folge entwarfen wir deshalb Texte, die sich auf die Kinderfragen bezogen. Bald wurden es aber so viele Seiten, dass wir sie für jedes Kind kopierten und zu einem Heft banden. Dieses Infoheft begleitete uns durch die ganze Saurierzeit.

EINSATZ DES MATERIALS   Das vorliegende Material ist für sämtliche Unterrichtsformen geeignet: Sie können Teile davon für eine Werkstatt verwenden, damit verschiedene Arbeitsposten bestücken, aber genauso gut eignet sich vieles auch für den Frontalunterricht.

INDIVIDUALISIEREN   Bei allen Texten gibt es einfache Möglichkeiten, den Umfang zu verringern und ihn so Ihrer Klasse oder einzelnen Schülerinnen und Schülern anzupassen.

DAUER   Aus den ursprünglich geplanten sechs Saurierwochen wurden viel mehr, weil alle Beteiligten förmlich von einem Saurierfieber gepackt wurden und die Begeisterung der Kinder wie bei kaum einem Thema zuvor unvermindert anhielt.

Planen Sie also genug Zeit für die Saurier ein!

Therese Müller, Carlo und Bea Spinelli

INHALTSVERZEICHNIS

3	**Inhaltsverzeichnis**
4	**Vorwort**
5	**Einleitung**
7	**Gestalten**
9	**Steckbriefe**
10	Dimetrodon
11	Brachiosaurus
12	Archaeopteryx
13	Apatosaurus
14	Stegosaurus
15	Compsognathus
16	Elasmosaurus
17	Protoceratops
18	Iguanodon
19	Diplodocus
20	Ankylosaurus
21	Pteranodon
22	Styracosaurus
23	Mosasaurus
24	Parasaurolophus
25	Struthiomimus
26	Tyrannosaurus
27	Triceratops
	Infoheft
29	Die ersten Funde
30	Sauriernamen
32	Die Zeit der Dinosaurier
35	Die Erde damals
36	Entstehung von Fossilien
37	Fossilien
38	Erfolgreiche Dinosaurier
39	Warm- oder Kaltblüter
40	Fortbewegung
41	Nahrung
43	Pflanzen- oder Fleischfresser
44	Größe
46	Groß und klein
47	Die Zähne
48	Schnelligkeit und Gewicht
49	Verständigung
50	Panzer – Knochenplatten – Hörner
51	Saurierkämpfe
52	Eier
53	Eier legen
54	Dinosaurier-Familien
55	Aussterben
58	Nach den Dinosauriern
59	**Fragen – Antworten**
79	**Lexikon**

VORWORT

ENTSTEHUNG DER **MAPPE**	Die Kinder wünschten sich immer wieder, die Saurier im Unterricht zu behandeln. So begannen wir, das Thema zu planen.
VORGESCHICHTE	Wir forderten die Kinder auf, alles mitzubringen, was sie zum Thema Saurier auftreiben konnten. Daraufhin füllten sich unsere Klassenzimmer mit Heerscharen von Plastiksauriern, mit unzähligen Büchern, Spielen, Videos und Postern. Auch Puzzles waren vorhanden, CD-ROMS und „echte" Dinosaurier-Eier.
SACHTEXTE	Was uns dann aber vor allem fehlte, waren stufen- und kindgerechte Sachtexte. Zudem waren viele Bilder zu wenig informativ.
INFOHEFT	In einer losen Folge entwarfen wir deshalb Texte, die sich auf die Kinderfragen bezogen. Bald wurden es aber so viele Seiten, dass wir sie für jedes Kind kopierten und zu einem Heft banden. Dieses Infoheft begleitete uns durch die ganze Saurierzeit.
EINSATZ DES MATERIALS	Das vorliegende Material ist für sämtliche Unterrichtsformen geeignet: Sie können Teile davon für eine Werkstatt verwenden, damit verschiedene Arbeitsposten bestücken, aber genauso gut eignet sich vieles auch für den Frontalunterricht.
INDIVIDUALISIEREN	Bei allen Texten gibt es einfache Möglichkeiten, den Umfang zu verringern und ihn so Ihrer Klasse oder einzelnen Schülerinnen und Schülern anzupassen.
DAUER	Aus den ursprünglich geplanten sechs Saurierwochen wurden viel mehr, weil alle Beteiligten förmlich von einem Saurierfieber gepackt wurden und die Begeisterung der Kinder wie bei kaum einem Thema zuvor unvermindert anhielt.

Planen Sie also genug Zeit für die Saurier ein!

Therese Müller, Carlo und Bea Spinelli

EINLEITUNG

Titelbild
Dieses Bild können Sie als Titelblatt für die Steckbriefe oder das Infoheft verwenden. Vergrößert dient es auch als Ausmalblatt oder zur Illustration von Texten.

Steckbriefe

WANDZEITUNG Da zwei Klassen im Schulhaus gleichzeitig am Saurierthema arbeiteten, hängten wir Steckbriefe im Korridor auf, um sie allen Kindern zugänglich zu machen. Dies auch, weil wir an den Wänden im Zimmer schlicht keinen freien Platz mehr hatten. Es empfiehlt sich für einen ähnlichen Verwendungszweck, die Blätter zu laminieren oder sie in stabile Zeigetaschen zu stecken.

STECKBRIEFHEFT Arbeitet nur eine Klasse am Thema, kann aus den Steckbriefen ein Nachschlagewerk erstellt werden. Kopieren Sie je nach Klassengröße 3–4 Exemplare und binden/spiralen Sie es als Heft. So sind alle Infos zu den einzelnen Sauriern schnell auffindbar. (Es soll das Suchen im Internet, in den Büchern und das Vergleichen mit anderen Texten jedoch nicht ersetzen!)

BILDER ALS MERKHILFE Um auch denjenigen Kindern (und Lehrkräften), die noch nicht Saurierexperten sind, eine Hilfe für die Namenszuordnung zu geben, haben wir alle Bilder mit dem Namen (aber ohne Text) auf A4 vergrößert und als Wandschmuck aufgehängt. So können die Namen jederzeit angeschaut und auch die richtige Schreibweise kann kontrolliert werden.

BILDER FÜR DAS SAURIERHEFT Für einen weiteren Zweck verkleinerten wir die Bilder ungefähr auf Postkartengröße. Sie fanden in einem Saurierheft Verwendung. Jedes Kind führte ein solches Heft (A4) und „sammelte" darin seine Lieblingssaurier.
Pro Saurier galt es, im Stil eines Saurierlexikons eine Seite zu gestalten. Zu den Stichworten Höhe, Länge, Gewicht und Nahrung waren Daten zu finden (entweder in den oben genannten Steckbriefen bzw. der Wandzeitung, in den Büchern, welche zahlreich im Klassenzimmer vorhanden waren oder im Internet). Zu jedem Saurier wurde auch ein kurzer Text verfasst. Die meisten Kinder wollten am Schluss alle Saurier im Heft haben, begannen aber natürlich mit ihrem Lieblingssaurier. Je nach Leistungsvermögen wurde das Heft umfangreicher oder schmaler, die ganz Schnellen malten weitere Saurier-Bilder und gestalteten ihre eigenen Texte dazu.

LESEÜBUNG UND QUIZ Die Texte eignen sich sehr gut als Leseübung.
Schwächere Leserinnen und Leser lesen einen Text zu zweit, gute Leserinnen und Leser üben eine Seite allein. Die Texte können wie in einer Fernsehsendung über Saurier von den Kindern moderiert werden.
Wenn die Kinder eine oder zwei Fragen zu ihren Texten formulieren, kann ein Saurierquiz veranstaltet werden.

Infoheft
Das Infoheft ist das Lesebuch und die Informationsquelle für die ganze „Saurierzeit." Es empfiehlt sich, alle gewünschten Kapitel vorab zu kopieren und die Blätter zu einem Heft zu binden.

Fragen und Antworten
Die meisten Titel der Fragen entsprechen den Titeln im Infoheft. Nachdem die Kinder ein Stück aus dem Infoheft gelesen haben, können die Fragen als Lesekontrolle eingesetzt werden.
Dazu gibt es verschiedene Möglichkeiten:

FRAGEN ALS KONTROLLE Es wird zuerst nur die Frage verteilt. Die Schülerinnen und Schüler versuchen, eine eigene Antwort zu notieren und vergleichen diese dann mit anderen Kindern.
Zur Kontrolle kann die vorgegebene Antwort verteilt werden.

GRUPPENDISKUSSION Die Lehrkraft schreibt die Frage als Grundlage für eine Gruppendiskussion an die Tafel. Pro Gruppe wird ein Kind bestimmt, das dann der ganzen Klasse das Resultat aus der Gruppe berichtet.

IN DER KLASSE DISKUTIEREN Die Antwort auf die Frage wird gemeinsam diskutiert. Die Schülerinnen und Schüler schreiben danach die vorgegebene Antwort in ein Saurierschreibheft ab. Zum Text kleben sie den „Comicsaurier" ein. Der Auftrag lautet, die Seite möglichst übersichtlich und ansprechend zu gestalten.

GESTALTEN

ZEICHNEN/MALEN	Es gibt unzählige Möglichkeiten, Saurierbilder zu gestalten:

- Ein großes Gemeinschaftsbild, jedes Kind gestaltet seinen Lieblingssaurier und klebt ihn ins Bild.
- Plastische Bilder (Saurierkörper z. B. mit Seidenpapierkügelchen gestalten).
- Saurierherden mittels Schablonen gestalten.
- Saurierstempel herstellen (Moosgummi auf Holzklötzchen).

SAURIERLANDSCHAFT Die ganze Klasse gestaltet eine Saurierlandschaft für die zahlreich im Klassenzimmer aufgetauchten Plastiksaurier oder für selbst gemachte Saurier. Es werden auch Bäume und Pflanzen hergestellt, mit Steinen und Sand wird die Landschaft ausgeschmückt.

SAURIER PLASTISCH Einen Ballon als Bauch verwenden (rund oder länglich je nach Saurierart) und mit Zeitungspapier und Kleister einen Saurier „aufbauen". Dieser kann auch als Sauriersparkasse ausgestaltet werden.

Den ganzen Körper zuerst mit Zeitungspapier (geknüllt, gerollt, gefaltet, zusammengeklebt mit Malerklebband) gestalten und dann „überkleistern". Nach dem Trocknen den Saurier mit Gouache- oder Acrylfarbe bemalen.

Möchten Sie noch größere Saurier herstellen, empfiehlt sich ein Körperaufbau mit Hühnergitter, das nach dem Formen mit Zeitungspapier überkleistert wird.

SPERRHOLZSAURIER
- Aus Sperrholz einen Saurier aussägen.
- Für eine Saurier-Memotafel eignen sich Saurier mit dicken Bäuchen, auf die ein Stück Kork geklebt wird.
- Ein länglicher Saurier wird, mit Messinghaken versehen, zu einem „Schlüssel-Saurier".

SAURIER-MOBILE Verschiedene Saurier werden aus Moosgummi, Sperrholz oder Karton ausgeschnitten oder -gesägt und zu einem Mobile zusammengefügt.

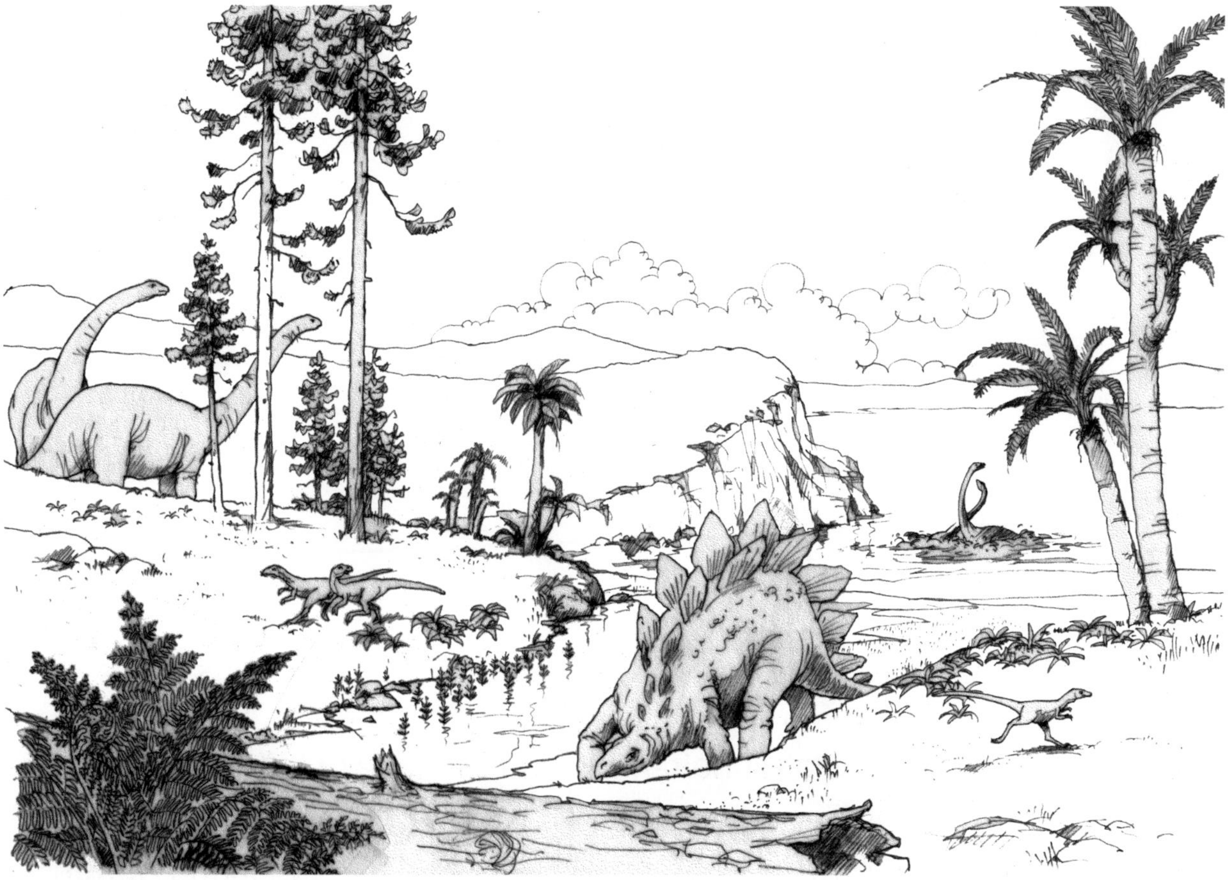

Dimetrodon

lebte vor 260 Millionen Jahren (Perm)

Dimetrodon war eines der ersten großen Landtiere, welches Tiere gleicher Größe angreifen und töten konnte. Er jagte vor allem Kriechtiere und Amphibien. Dabei half ihm sein mächtiges Gebiss mit den dolchartigen Zähnen.

Die Hals- und Rückenwirbel hatten lange Fortsätze, zwischen denen eine Haut gespannt war. Mithilfe dieses Rückensegels konnte das Tier wahrscheinlich seine Körpertemperatur regeln.

Dimetrodon konnte bis zu 3,50 m lang werden.

Überreste von ihm wurden in Texas und Oklahoma in Amerika sowie in Europa gefunden.

Brachiosaurus

lebte vor 150 Millionen Jahren (Jura)

Brachiosaurus war ein riesiges Tier mit einem langen Hals und einem kleinen Kopf. Seinen langen Vorderbeinen verdankt er seinen Namen (Armechse). Weil die Hinterbeine kürzer waren, fiel der Rücken zum Schwanz hin steil ab, der Saurier war wie eine riesige Giraffe gebaut.

Er konnte 24 m lang und bis zu 80 000 kg schwer werden. Er war nicht der längste Dinosaurier, aber sicher einer der schwersten.

Sein Oberschenkelknochen war so hoch wie ein Mensch und sehr dickwandig. Dieser Saurier lief auf allen vier Beinen. Manche Forscherinnen und Forscher nehmen an, dass er überwiegend im Wasser lebte und dabei mit Hals und Kopf aus dem Wasser herausschaute. Andere aber meinen, dass er Landbewohner war. Brachiosaurus ernährte sich von Pflanzen, die er ganz verschlang. Im Magen wurden die Blätter von Steinen zerrieben, die er mit der Nahrung aufnahm.

Seine Fossilien fand man in Nordamerika, Südeuropa und in Ostafrika.

Archaeopteryx

lebte vor 150 Millionen Jahren (Jura)

Archaeopteryx ist ein Vorfahre der heutigen Vögel. Er trug schon ein Federkleid, hatte aber noch keinen typischen Vogelschnabel aus Horn.

An seinen Flügeln saßen drei Finger. Er war etwa so groß wie eine Krähe.

Der Urvogel konnte nicht sehr gut fliegen, seine Flugbewegung war vielmehr ein Gleiten oder Flattern.

Aus den Versteinerungen lässt sich leider nicht ablesen, wie sich das Tier ernährte.

Er lebte auf tropischen Wüsteninseln in einer Region, die heute zu Süddeutschland gehört.

Apatosaurus

lebte vor 150 Millionen Jahren (Jura)

Apatosaurus ist auch unter dem Namen Titanosaurus und Brontosaurus bekannt. Man stellte sich vor, dass ein so schweres Tier bei jedem Schritt den Boden erschütterte, deshalb erhielt er den Namen Brontosaurus (Donnerechse).

Auffällig an ihm sind der lange, gebogene Hals mit dem kleinen Kopf und der lange, dicke Schwanz.

Er ist mit 20 m Länge und einer Rumpfhöhe von 5 m eines der größten Tiere, das jemals auf der Erde gelebt hat.

Das riesige Tier ernährte sich von Pflanzen.

Funde von Apatosaurus wurden in Nordamerika gemacht.

Stegosaurus

lebte vor 150 Millionen Jahren (Jura)

Das auffälligste Merkmal von Stegosaurus sind die großen Platten über seinem Rückgrat sowie sein stachelbewehrtes Schwanzende.
Die Platten waren bis zu 1 m hoch, die Stacheln bis zu 70 cm lang.
Zusammen ergaben sie einen guten Schutz gegen Raubsaurier.

Obwohl Stegosaurus einer der besterforschten Saurier ist, sind sich die Forscherinnen und Forscher noch nicht einig darüber, wie die Knochenplatten auf dem Rücken angeordnet waren und wozu sie dienten.

Dieser Saurier konnte so groß wie ein Bus werden, aber sein Kopf war im Verhältnis zum Körper recht klein.

Der Saurier lief auf allen vier Beinen und ernährte sich von Pflanzen.

Die Fundorte seiner Fossilien befinden sich in Nordamerika.

Compsognathus

lebte vor 150 Millionen Jahren (Jura)

Compsognathus war ein kleiner Dinosaurier mit eher langem Hals, kräftigen Hinterbeinen und einem langen Schwanz. Die kleinen Vorderbeine dienten zum Festhalten der Nahrung.

Das Tier lebte an den Ufern von Lagunen und Seen und ernährte sich von dem, was es dort angeschwemmt fand.

Möglicherweise fing Compsognathus aber auch lebende Beute.

Dank seines leichten Körperbaus und den vogelähnlichen Beinen war der kleine Dinosaurier ein schneller Läufer.

Compsognathus wurde bis zu 1,40 m lang.

Er lebte in einem Gebiet, das dem heutigen Süddeutschland und Frankreich entspricht.

Elasmosaurus

lebte vor 100 Millionen Jahren (Kreide)

Elasmosaurus hatte einen langen Hals, einen kleinen Schädel und viele spitzige Zähne.

Mit seinen flügelähnlichen Flossen war dieser Saurier sehr gut an das Leben im Wasser angepasst. Er war aber kein sehr schneller Schwimmer.

Dank seinem schlangenartigen Hals gelang es ihm dennoch erfolgreich Fische zu fangen.

Elasmosaurus wurde bis 14 m lang.

Funde von ihm wurden ihn Nordamerika gemacht.

Protoceratops

lebte vor 100 Millionen Jahren (Kreide)

Protoceratops gehört zu den wenigen Dinosauriern, von denen man Dutzende von Exemplaren gefunden hat. In der mongolischen Wüste Gobi findet man diese Fossilien häufig.

Der Schädel des ausgewachsenen, männlichen Protoceratops scheint im Verhältnis zum übrigen Körper viel zu groß geraten zu sein.
Bei einer Gesamtlänge des Tieres von ungefähr 2,40 m war der Kopf 60 cm lang. Weibchen und Jungtiere hatten nicht so große Schädel.

Zum sonderbaren Aussehen des Sauriers trugen auch sein „Papageienschnabel" und der Nackenschild bei.

Er ernährte sich vor allem von Wüstenpflanzen.

Protoceratops lebte in Ostasien.

Iguanodon

lebte vor 100 Millionen Jahren (Kreide)

Erste Funde eines versteinerten Iguanodon wurden 1822 in England gemacht. Im Jahr 1878 fanden Wissenschaftlerinnen und Wissenschaftler in einer belgischen Kohlengrube mehrere vollständige Skelette. Auch in Asien und Nordamerika wurden Fossilien von ihm entdeckt.

Iguanodon ist einer der am besten erforschten Dinosaurier. Er war der zweite Dinosaurier, der benannt und beschrieben wurde.

Trotz seines kräftigen Kopfes war er ein Pflanzenfresser. Er ernährte sich von Blättern, Zweigen und Farnen.

Die kräftigen Arme des Iguanodon reichten bis auf den Boden. Er könnte also auch auf allen vieren gelaufen sein. Fossile Spuren weisen darauf hin, dass er in Herden gelebt haben könnte.

Iguanodon lebte auf der Nordhalbkugel der Erde.

Diplodocus

lebte vor 100 Millionen Jahren (Jura)

Diplodocus wurde länger als ein Tennisplatz, wog aber nicht mehr als zwei große Elefanten.

Der größte Teil der Körperlänge entfiel auf Hals und Schwanz. Sein Schwanz bestand aus mindestens 80 Wirbeln und bildete ein Gegengewicht zum überdimensional langen Hals.

Wahrscheinlich ernährte sich das Tier von Farnwedeln. Auch dieser Saurier verschluckte Steine, welche die Farnblätter in seinem Magen zu Brei rieben.

Neueste Ausgrabungen lassen vermuten, dass Diplodocus auf seinem Rücken eine Reihe von kleinen Zacken getragen hat.

Die bekanntesten Funde stammen aus dem Westen von Amerika.

Ankylosaurus

lebte vor 90 Millionen Jahren (Kreide)

Ankylosaurus hatte einen kräftigen Rückenpanzer und an beiden Seiten des Rückens eine Reihe dicker, spitzer Stacheln. Das Schwanzende war keulenartig verdickt. Der Saurier wurde bis zu 1000 kg schwer.

Er lief auf vier kurzen Beinen und hatte fast keinen Hals. Dieser gepanzerte Saurier war zu langsam, um vor seinen Feinden, den großen Fleisch fressenden Sauriern, zu fliehen. Aber er konnte sich auf seine Panzerung verlassen, die ihn wirksam vor Angreifern schützte.

Seine Nahrung bestand aus niedrigen Pflanzen.

Ankylosaurier verbreiteten sich in der Kreidezeit über die nördlichen Kontinente und südlich bis nach Australien und Antarktika.

Pteranodon

lebte vor 85 Millionen Jahren (Kreide)

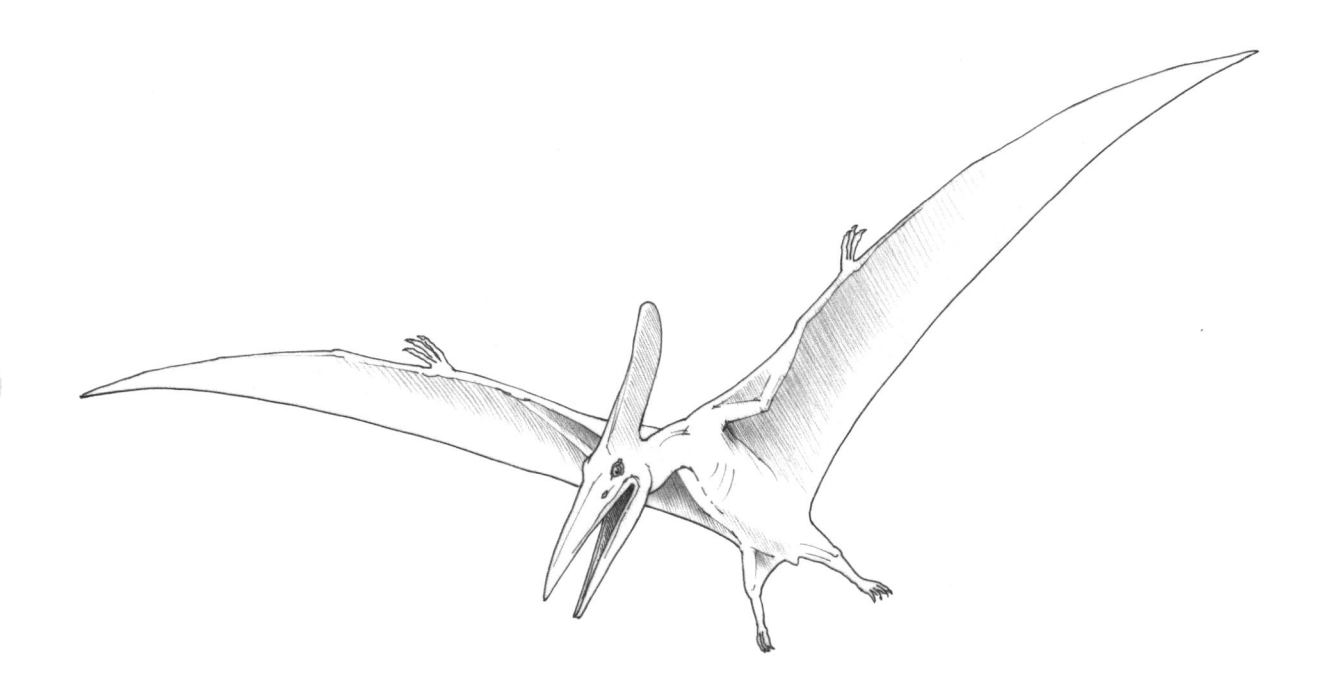

Beim Pteranodon waren zwischen den Vorder- und Hinterbeinen Flughäute gespannt. Das Tier sah deshalb ähnlich aus wie eine große Fledermaus.

Der Name Pteranodon bedeutet „Flügel und keine Zähne". Auf seinem Kopf trug er einen großen Kamm. Man vermutet, dass er einen Kehlsack besaß, wie die heutigen Pelikane.

Mit seiner Flügelspannweite von 7 bis 9 m war Pteranodon einer der größten Flugsaurier aller Zeiten. Nur Quetzalcoatlus war größer.

Der Pteranodon konnte über die Meere segeln wie die heutigen Albatrosse.

Seine Hauptnahrung waren Fische.

In Nordamerika hat man mehrere Arten dieses Tieres gefunden.

Styracosaurus

lebte vor 80 Millionen Jahren (Kreide)

Styracosaurus gehört zu den Horn-Dinosauriern und ist mit Triceratops nah verwandt.

Auf seinem Schädel saß ein 50 bis 60 cm langes Nasenhorn. Zusätzlich hatte der Saurier ein Nackenschild, aus dem sechs lange Stacheln ragten. Wenn das Tier den Kopf senkte, muss das sehr beeindruckend ausgesehen haben.

Horndinosaurier hatten riesige Nasenlöcher und sehr breite Schnauzen. Warum die Nasenlöcher so groß waren, weiß man nicht.

Das 5000 kg schwere Tier ernährte sich von Pflanzen.

Versteinerungen dieses Sauriers haben Fachleute in Nordamerika gefunden.

Mosasaurus

lebte vor 80 Millionen Jahren (Kreide)

Aus den Armen und Beinen seiner auf dem Land lebenden Vorfahren waren beim Mosasaurus Flossen geworden. Der lange Schwanz war breit aber flach.

Seine Nahrung bestand aus Fischen und Schildkröten, die er in den seichten Meeren jagte.

Wegen seiner Größe nimmt man an, dass er sich nicht auf dem Land bewegen konnte. Deshalb kamen seine Jungen höchstwahrscheinlich im Meer zur Welt.

Fundorte von Mosasauriern liegen in Nordamerika.

Parasaurolophus

lebte vor 75 Millionen Jahren (Kreide)

Das auffälligste Merkmal von Parasaurolophus war der lange Fortsatz am Kopf. Wozu die Hauben- oder Helmdinosaurier, zu denen Parasaurolophus gehörte, solche Fortsätze trugen, wissen die Forscherinnen und Forscher nicht genau. Sie nehmen aber an, dass die Tiere damit trompetenartige Töne erzeugen konnten.

Diese große Echse hatte einen breiten, zahnlosen Schnabel (ähnlich einem Entenschnabel). Weiter hinten im Kiefer hatte sie viele eng nebeneinander stehende Zähne, mit denen sie auch zähe Pflanzenteile zermahlen konnte.

Durch fossile Spuren weiß man, dass Entenschnabel-Dinosaurier oft auf allen vieren liefen. Sie konnten aber auch gut aufrecht gehen.

Parasaurolophus war 2500 kg schwer und 12 m lang.

Fundorte dieses Dinosauriers liegen im westlichen Nordamerika.

Struthiomimus

lebte vor 75 Millionen Jahren (Kreide)

Dieser Dinosaurier wurde 4,50 m lang und 2–3 m hoch. Das Tier hatte einen langen Schwanz und gleicht einem heutigen Vogel Strauß. Allerdings hatte Struthiomimus keine Flügel, sondern Arme und lange Finger mit Klauen. Er trug auch kein Federkleid.

Aber wie die Strauße konnte Struthiomimus schnell laufen, denn er hatte kräftige Laufbeine. Strauße zählen mit bis zu 80 km/h Laufgeschwindigkeit zu den schnellsten Läufern unter den Tieren. Man nimmt an, dass Struthiomimus mindestens genauso schnell laufen konnte.

Er war ein Allesfresser, er pickte Pflanzen auf und fing möglicherweise auch kleine Tiere.

Versteinerungen des Tieres wurden in Nordamerika gefunden.

Tyrannosaurus

lebte vor 70 Millionen Jahren (Kreide)

Tyrannosaurus war ein riesiges Raubtier. Er erreichte eine Höhe von über 5 m, wurde bis 12 m lang und etwa 6000 kg schwer.

Er hatte bis 18 cm lange, dolchartige Zähne. Seine wichtigste Waffe war sein gewaltiger Kiefer, damit konnte er so kraftvoll zubeißen wie heute ein Krokodil oder ein Alligator

Als Fleischfresser jagte er andere Saurier. Er lief mit nach vorn gestrecktem Kopf und waagrecht gehaltenem Schwanz auf seinen mächtigen Hinterbeinen, mit denen er lange Schritte machen konnte.

Einige Wissenschaftler glauben, dass er seiner Beute hinterherjagte. Andere nehmen an, dass er bestenfalls schnell gehen, aber nicht rennen konnte.

Er ernährte sich von Kadavern von großen Sauriern, griff aber auch kranke Tiere an, die hinter ihrer Herde zurückblieben. Die Klauen an seinen Fingern waren gut geeignet, um seine Beute festzuhalten.

Fossilien von Tyrannosauriern wurden in Nordamerika gefunden.

Triceratops

lebte vor 70 Millionen Jahren (Kreide)

Der Körper von Triceratops wurde 2,60 m hoch, ungefähr 10 m lang und 6000 kg schwer. Allein schon sein Kopf war 2 m lang.

Das Tier hatte drei Hörner: ein kleines Horn auf der Schnauze und zwei längere Hörner über den Augen.

Wegen diesen Merkmalen ordnet man Triceratops bei den Hornsauriern ein. Diese massigen Saurier mit ihren kurzen Schwänzen ähnelten unseren Nashörnern. Sie alle hatten gewaltige gebogene Schnäbel und Reißzähne und konnten wahrscheinlich die meisten Arten von Pflanzen verdauen.

Alle bekannten Arten der Horndinosaurier stammen aus Nordamerika.

Die ersten Funde

Vor fast 200 Jahren hat der englische Wissenschaftler Richard Owen viele riesige Knochen gefunden und sie untersucht. Er hielt die Tiere, von denen diese Knochen stammten, für schreckliche Tiere. Da die Skelette aussahen wie Echsen, nannte er sie „Dinosaurier", das heißt „schreckliche Echsen".

Heute wissen wir, dass es zwar riesige Dinosaurier gegeben hat, dass aber der Kleinste nicht größer war als ein Huhn.

Viele Saurier waren friedliche Riesen, die Wälder und Wiesen abgrasten und sich nur von Pflanzen ernährten.

Dinosaurierknochen hat man überall auf der Welt gefunden.

Einer der ersten Dinosaurier, den man entdeckte, war ein Iguanodon. Er wurde im 19. Jahrhundert in England gefunden. Auch in Amerika wurden viele aufsehenerregende Funde gemacht. In Afrika wurde Brachiosaurus gefunden. In Asien wurden in den letzten Jahren sensationelle Ausgrabungen gemacht und Australien ist berühmt für Hunderte von riesigen Fußabdrücken, die als Versteinerungen erhalten geblieben sind.

Heute kennt man rund 900 Dinosaurierarten und jedes Jahr werden ungefähr ein Dutzend weitere Arten entdeckt.

Sauriernamen 1

Wenn eine neue Saurierart entdeckt wird, erhält sie einen eigenen Namen. Diejenige Fachperson, die den Fund als Erstes untersucht hat, darf den Saurier taufen.

In der Wissenschaft ist es üblich, lateinische oder griechische Namen zu verwenden. Meist beschreibt der Name typische Eigenschaften der Saurierart.

Manche werden auch nach ihrem Fundort benannt. Albertosaurus wurde zum Beispiel in Alberta in Kanada gefunden.

Manchmal erhalten Saurier auch die Namen von Saurierforschern. Der Riesendinosaurier Janenschia bekam den Namen des Saurierforschers Werner Janensch.

Dieser Eierdieb, der Oviraptor, hat einen zutreffenden Namen. „Ovi" heißt Eier und „raptor" bedeutet Dieb oder Räuber.

Der Name Stegosaurus bedeutet „Dachziegelechse". Der Saurier wurde so benannt wegen seinen dachziegelartigen Platten, die er auf dem Rücken trägt.

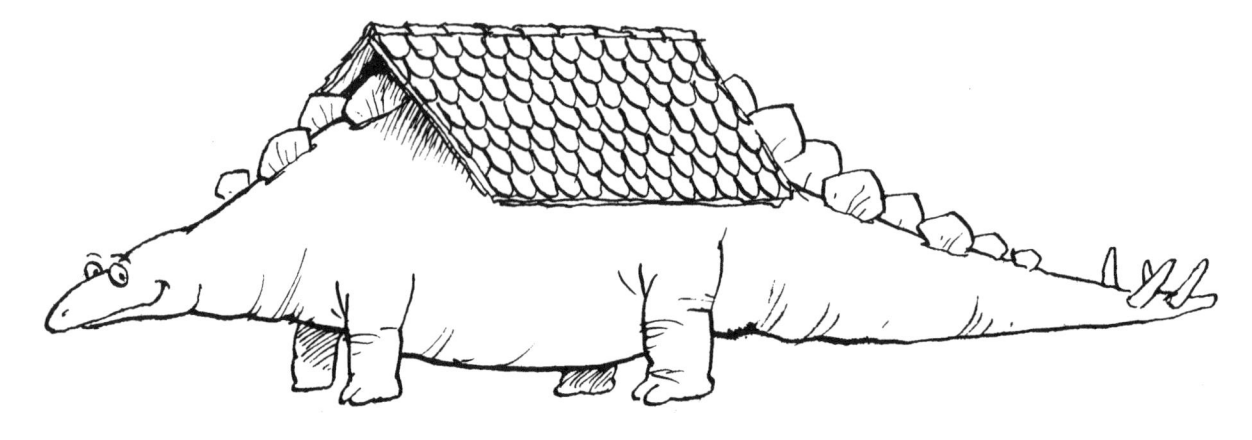

Sauriernamen 2

Hier findest du eine Liste mit Wortteilen, wie sie für Sauriernamen verwendet werden.

Es steht immer daneben, was die Wörter bedeuten.

acantus	stachelig	massa	groß
allo	verschieden	megalo	riesig
atros	Stern	mikro	winzig
baros	schwer	mono	eins
bi	zwei	odon	Zahn
brachio	Arm	ornitho	Vogel
bronto	Donner	ops	Gesicht
carnis	Fleisch	pachy	dick
cephalo	Kopf	pod	Fuß
cera	Horn	poly	viele
dino (deino)	schrecklich	proto	zuerst
dicro	gespalten	ptera	Flügel
dromikus	schnell	raptor	Räuber
gnathus	Kiefer	saltus	Sprung
lestes	Räuber	saurus	Echse
maia	Mutter	stego	Dach

Mit dieser Liste kannst du herausfinden, was folgende Sauriernamen bedeuten: Brachiosaurus, Allosaurus, Maiasaurus, Barosaurus, Saltasaurus, Ceratosaurus.

Du merkst, dass die Namen schon einiges über den Saurier verraten.

Die Zeit der Dinosaurier 1

Finde mit dieser Darstellung heraus, in welcher Zeit und wie lange ungefähr die aufgeführten Saurier gelebt haben.

	vor 250–203 Mio. Jahren	vor 203–135 Mio. Jahren	vor 135–65 Mio. Jahren
	Trias	Jura	Kreide
Plateosaurus			
Heterodontosaurus			
Ceratosaurus			
Archaeopteryx			
Compsognathus			
Brachiosaurus			
Spinosaurus			
Stegosaurus			
Allosaurus			
Iguanodon			
Diplodocus			
Triceratops			
Ankylosaurus			
Hadrosaurus			
Struthiomimus			
Tyrannosaurus			
Deinonychus			

Die Zeit der Dinosaurier 2

Die Zeit, in der die Saurier lebten, bezeichnet man als Erdmittelalter. Es begann vor 225 Millionen Jahren und endete vor 65 Millionen Jahren.

Die Saurier haben also fast 150 Millionen Jahre auf der Erde gelebt.

Damals begannen sich die Landmassen auf der Erde in die heutigen Kontinente aufzuteilen. Es entstanden Europa, Asien, Afrika, Amerika, Australien und die Antarktis.

Schon vor der Zeit der Dinosaurier, im sogenannten Erdaltertum, gab es Pflanzen und Tiere, die im Meer lebten (Algen, Quallen, Krebstiere, Trilobiten und erste Fische). Später im Erdaltertum wuchsen an Land die ersten Bäume.

Noch im Erdaltertum eroberten die ersten Meerestiere das Festland. Man nannte sie Amphibien. Sie lebten sowohl im Wasser als auch auf dem Festland. Ihre Eier legten sie im Wasser ab.

Amphibien gibt es auch heute noch. Du kennst sicher den Frosch, die Kröte, den Salamander und den Molch.

Die Zeit der Dinosaurier 3

Aus den Amphibien entwickelten sich viel später Tiere, die ihre Eier in der Erde ablegten: die ersten Reptilien. Über viele Millionen Jahren beherrschten sie die Erde.

Auch heute noch gibt es Reptilien. Du kennst sicher einige: Krokodile, Schlangen, Eidechsen und Schildkröten gehören dazu.

Aus eidechsenähnlichen Reptilien entwickelten sich dann die Saurier. Sie lebten nicht alle gleichzeitig, sondern sie haben sich während 150 Millionen Jahren immer weiterentwickelt und verändert. Einige Arten sind in dieser Zeit ausgestorben und neue sind entstanden. Aber vor 65 Millionen Jahren sind alle Saurier endgültig ausgestorben, lange bevor es die ersten Menschen gab.

Auch wenn Familie Feuerstein und ihr Dino sich großer Beliebtheit erfreuen, ist dieses Bild falsch. Menschen und Dinosaurier haben nie gleichzeitig gelebt. Zwischen Dinosauriern und Menschen liegen 61 Millionen Jahre.

Die Erde damals

Zur Zeit der Saurier sah die Welt ganz anders aus als heute.

Trias	Jura	Kreide	heute
vor 250–203 Mio. Jahren	vor 203–135 Mio. Jahren	vor 135–65 Mio. Jahren	

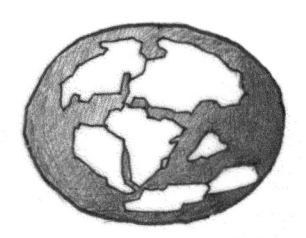

In der Trias-Zeit existierte nur ein einziger großer Kontinent. Er war von einem riesigen Ozean umgeben. Das Klima war heiß und trocken, deshalb gab es große Wüsten.

In der Jura-Zeit gab es einen Kontinent im Norden und einen im Süden. Dazwischen lag ein großes Meer. Das Klima war heiß und feucht. Es entstanden riesige Nadelwälder.

In der Kreidezeit brachen die Kontinente auseinander und die heutigen Erdteile entstanden. Zuerst blieb es noch heiß, aber allmählich kühlte sich das Klima ab. Der Erdboden war bedeckt von Moosen, Farnen und Schachtelhalmen. Es gab noch keine Wiesen, Gras wuchs erst nach dem Aussterben der Dinosaurier. Es blühten aber bereits erste Blumen.

Entstehung von Fossilien

Es beginnt vor ca. 70 Millionen Jahren:

Ein Triceratops stirbt. Er liegt neben einem Fluss. Schlamm und Sand decken seinen Körper zu.

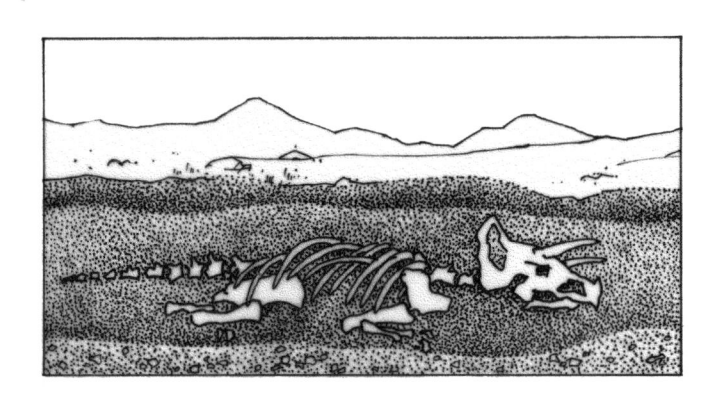

Nur die Knochen bleiben übrig und versteinern. Alles andere zersetzt sich. Im Lauf der Zeit heben und senken sich die Erdschichten. Manchmal kommt das Fossil wieder an die Oberfläche.

Mit der Zeit werden Teile des Fossils sichtbar. Paläontologinnen und Paläontologen bergen die versteinerten Knochen in wochenlanger Arbeit.

Fossilien

Nur sehr selten findet man vollständige Skelette, deshalb ist es manchmal eine richtige Detektivarbeit, ein fossiles Tier wieder zusammenzusetzen. Wie bei einem riesigen Puzzle fügen die Forscherinnen und Forscher das Skelett aus vielen kleinen Teilen möglichst vollständig zusammen. Fehlendes wird zum Teil durch Kunststoffteile ergänzt. Dabei sagen die Knochen etwas über die Größe und das Aussehen des Tieres aus. Die Zähne verraten, wie sich der Saurier ernährt hat. Fußspuren erzählen, wie sich das Tier fortbewegt hat, wie schwer es war und wie schnell es sich bewegte.

Da Farben nicht versteinern, weiß man nichts Genaues über die Körperfarbe der Saurier.

Wenn Wissenschaftlerinnen und Wissenschaftler allerdings noch fossile Überreste von Pflanzen und anderen Organismen untersuchen können, erhalten sie auch ein Bild von der Umgebung, in der das Tier lebte.

Bis aber ein Skelett im Museum ausgestellt werden kann, dauert es meist sehr lange. In den Werkstätten arbeiten Präparatorinnen und Präparatoren jahrelang daran, alle Knochen von den Gesteinsresten zu befreien. Um möglichst viel über die Lebensweise des Sauriers zu erfahren, wird das ganze Skelett auch genauestens untersucht.

Meistens sind die ausgegrabenen Knochen aber zu zerbrechlich, um im Original ausgestellt zu werden. Aus diesem Grund werden Kopien von den Knochen hergestellt. Wenn alle Knochenkopien fertig sind, können sie endlich zusammengesetzt werden.

Erfolgreiche Dinosaurier

Die Dinosaurier waren die erfolgreichsten Tiere ihrer Zeit. Das hat möglicherweise auch mit ihrer Beinstellung zu tun.

Bei den Eidechsen stehen die Beine rechtwinklig vom Körper ab. Beim Laufen müssen sie ihr Gewicht immer von einer Seite auf die andere verlagern. Deshalb können sie immer nur ein Bein bewegen. Große und schwere Tiere können sich auf diese Art nicht schnell fortbewegen. Es braucht auch sehr viel Energie, sozusagen im Liegestütz zu laufen.

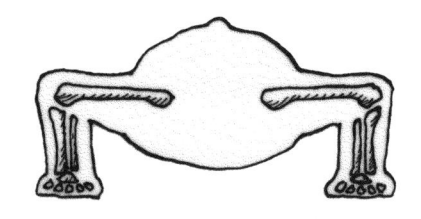

Krokodile haben einen aufrechteren Gang. Über kurze Strecken können sie mit fast gestreckten Beinen rennen. Dies braucht aber sehr viel Energie und dabei ermüden sie rasch. Sie müssen sich dann wieder wie eine Eidechse fortbewegen.

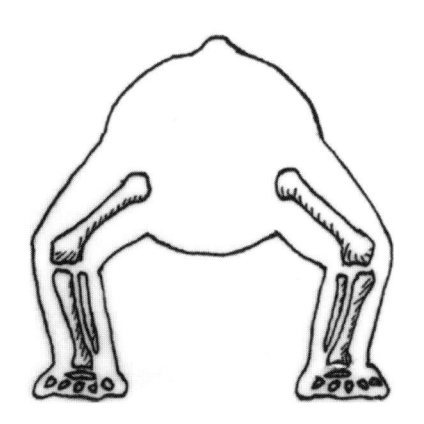

Die Dinosaurier hatten die Beine gerade unter dem Körper. So konnten sie gut laufen, galoppieren oder sogar hüpfen. Dies haben sie mit den Säugetieren und den Vögeln gemeinsam. Durch den aufrechten Gang waren sie viel schneller und konnten außerdem auch mal auf zwei Beinen stehen. Wer einen aufrechten Gang hat, kann sich schneller und weiter fortbewegen. Auch dank diesem Vorteil konnten die Dinosaurier so lange auf der Erde überleben.

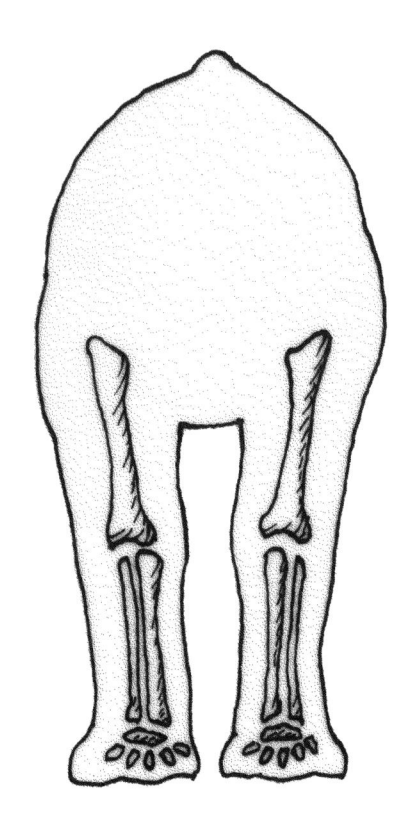

Warm- oder Kaltblüter?

Alle Reptilien, die heute leben, sind Kaltblüter. Das bedeutet, dass die Körpertemperatur der Eidechsen, Krokodile und Schildkröten immer der Umgebungstemperatur entspricht. Weil die Reptilien ihre Temperatur immer wieder ändern, werden sie auch wechselwarm genannt. Diese Tiere können sich nur schnell bewegen, wenn ihr Körper warm genug ist. Bei kühlen Temperaturen sind sie ganz steif und unbeweglich.

Da die Dinosaurier Reptilien waren, nehmen viele Forscherinnen und Forscher an, dass auch sie wechselwarme Tiere waren. Die Sachverständigen gehen davon aus, dass es im Erdmittelalter viel wärmer war als heute und dass die Unterschiede zwischen Tages- und Nachttemperaturen nicht so groß waren. So hatten die Dinosaurier immer eine optimale Körpertemperatur.

Tagsüber waren sie an der Sonne, um ihre Körper aufzuwärmen und wenn es zu heiß wurde, begaben sie sich in den Schatten, um sich nicht zu überhitzen.

Es gibt aber auch Wissenschaftlerinnen und Wissenschaftler, die behaupten, die Dinosaurier seien Warmblüter gewesen. Die Tiere seien so groß gewesen und viele von ihnen hätten den Kopf so hoch oben getragen, dass nur ein Blutkreislauf wie der eines Vogels oder eines Säugetieres ihr Gehirn mit Blut versorgen konnte.

Bis heute kann man nicht sagen, welche Theorie richtig ist. Wir wissen also nicht, ob die Dinosaurier Warm- oder Kaltblüter waren.

Fortbewegung

Dinosaurier waren Landbewohner und konnten weder fliegen noch schwimmen. Wenn man von Dinosauriern spricht, sind nur die Landbewohner gemeint.

Meeressaurier, die im Wasser lebten, wie zum Beispiel der Elasmosaurus, oder der Mosasaurus, waren also keine Dinosaurier. Sie lebten zur gleichen Zeit wie die Dinosaurier, aber ihr Lebensraum waren die Ozeane.

Einige dieser Meeresreptilien konnten sich aber durchaus mit den Dinosauriern messen: Elasmosaurus wurde bis zu 14 m lang und in seinem großen Kiefer hatte er viele spitzige Zähne.

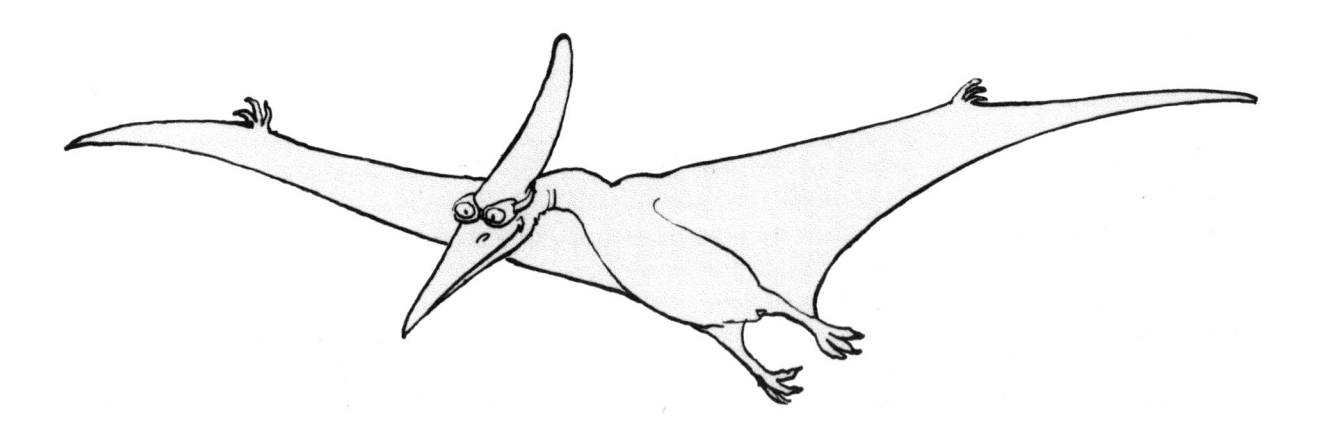

Auch Flugsaurier wie Pteranodon oder Archäopteryx zählen nicht zu den Dinosauriern. Ihr Lebensraum war die Luft. Lange vor den ersten Vögeln flogen die Flugsaurier mit ihren großen Flügeln durch die Luft.

Die Flügelspannweite einiger dieser Saurier betrug nicht mehr als 30 cm. Es gab aber auch größere Tiere: Der Quetzalcoatlus besaß eine Spannweite von bis zu 12 m!

Nahrung 1

Die meisten Dinosaurier ernährten sich von Pflanzen. Ähnlich wie heute waren die Pflanzenfresser viel zahlreicher und lebten in Herden. Pflanzenfresser waren den größten Teil des Tages mit Fressen beschäftigt. Die kleinen Dinosaurier lebten von Farnen und anderen bodennahen Pflanzen, während die größeren die Blätter von den Wipfeln der Bäume fraßen.

Die andere Gruppe der Dinosaurier ernährte sich von Fleisch. Die Raubsaurier waren den Pflanzenfressern zahlenmäßig unterlegen. Die großen Fleischfresser jagten allein, es gab aber auch kleinere Raubsaurier, die in Gruppen jagten.

Nahrung 2

Die Forscher können an den Zähnen erkennen, ob ein Dinosaurier Pflanzen oder Fleisch gefressen hat.

Bei diesen zwei Saurierköpfen siehst du gut, welcher zu einem Pflanzen- und welcher zu einem Fleischfresser gehört.

Die Fleischfresser hatten lange, scharfe Zähne, die wie kleine Messer geformt waren. Der scharfe Rand der Zähne wurde von winzigen Spitzen verstärkt, die wie eine Säge wirkten.

Die Pflanzenfresser hatten viele abgeplattete Zähne, die sich zum Zermahlen von pflanzlicher Nahrung eigneten.

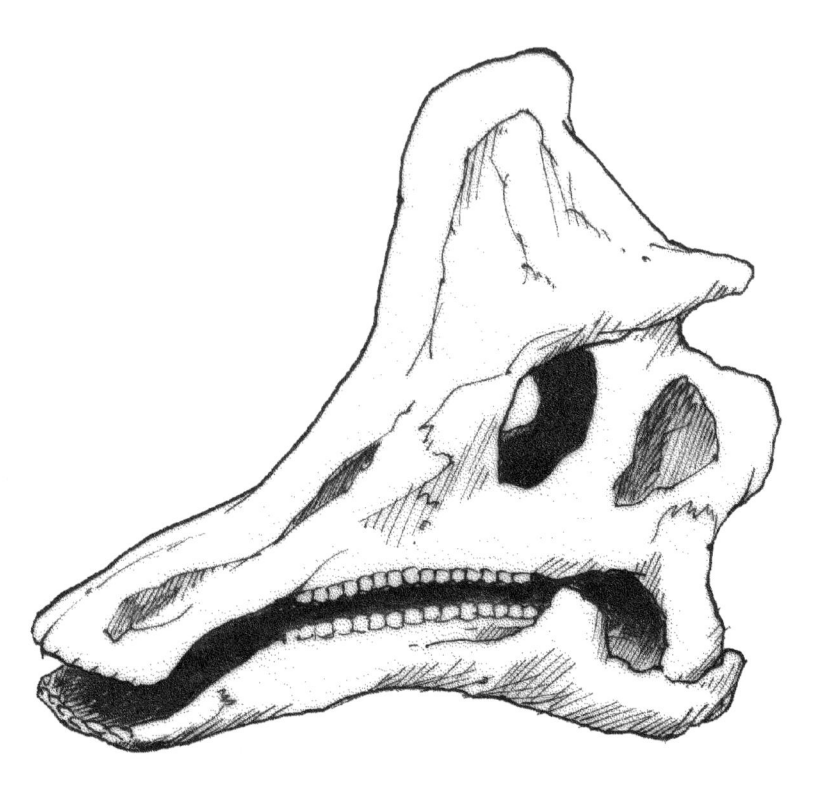

Pflanzen- oder Fleischfresser

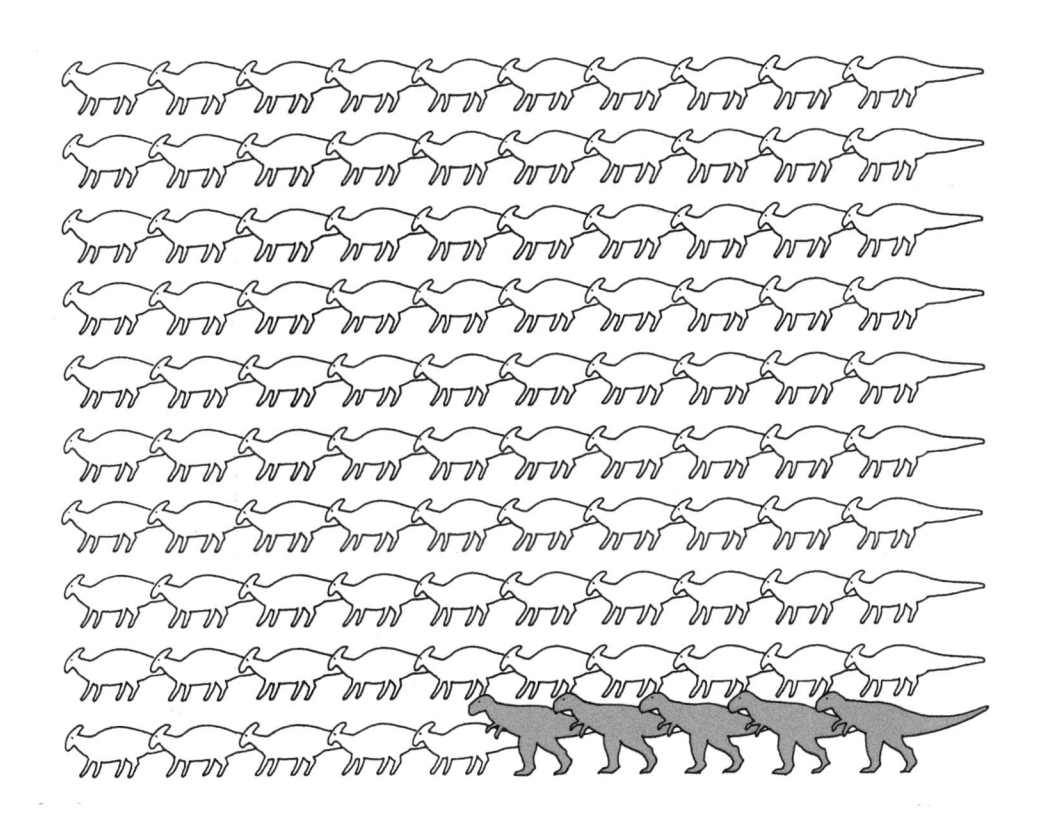

Pflanzenfresser    Fleischfresser

Von 100 Dinosauriern, welche im Südwesten Kanadas gefunden wurden, waren nur ungefähr 5 Fleischfresser. Alle anderen waren Pflanzenfresser. Auch heute sind die Pflanzenfresser unter den Tieren viel zahlreicher. Der größte heute lebende Pflanzenfresser ist der afrikanische Elefant. Er frisst pro Tag bis zu 200 kg Grünfutter.

Wenn wir diese Menge auf einen Brachiosaurus umrechnen, dann müsste dieser riesengroße Dinosaurier pro Tag bis zu 1000 kg Grünfutter gefressen haben!

Damit die Dinosaurier solche Riesenmengen von Pflanzenteilen besser verdauen konnten, haben sie oft große Kieselsteine verschluckt. Diese wirkten im Magen wie kleine Mahlsteine. Auch unsere heutigen Vögel tun das.

Größe 1

Stegosaurus
- ist so hoch wie ein Klassenzimmer,
- ist so schwer wie ein Panzernashorn (ca. 1800 kg),
- ist so lang wie sechs Kinder mit ausgestreckten Armen.

Tyrannosaurus
- ist sechs Meter hoch,
- ist so schwer wie ein großer Elefant (ca. 6000 kg),
- ist so lang wie acht Kinder mit ausgestreckten Armen.

Größe 2

Brachiosaurus

- ist so hoch wie ein Haus (ca. 12 m),
- ist so schwer wie 15 Elefanten (ca. 80000 kg),
- Ist so lang wie 16 Kinder mit ausgestreckten Armen.

Ich bin eigentlich recht groß …

Platz da…. jetzt komme ich!

Triceratops

- ist ein wenig höher als das Klassenzimmer,
- ist so schwer wie ein Lieferwagen (ca. 5400 kg),
- ist so lang wie sechs Kinder mit ausgestreckten Armen.

Groß und klein

Einige waren so lang wie ein Tennisplatz, andere so klein wie ein Huhn.
Auf dieser Darstellung siehst du einige Dinosaurier im Größenvergleich.

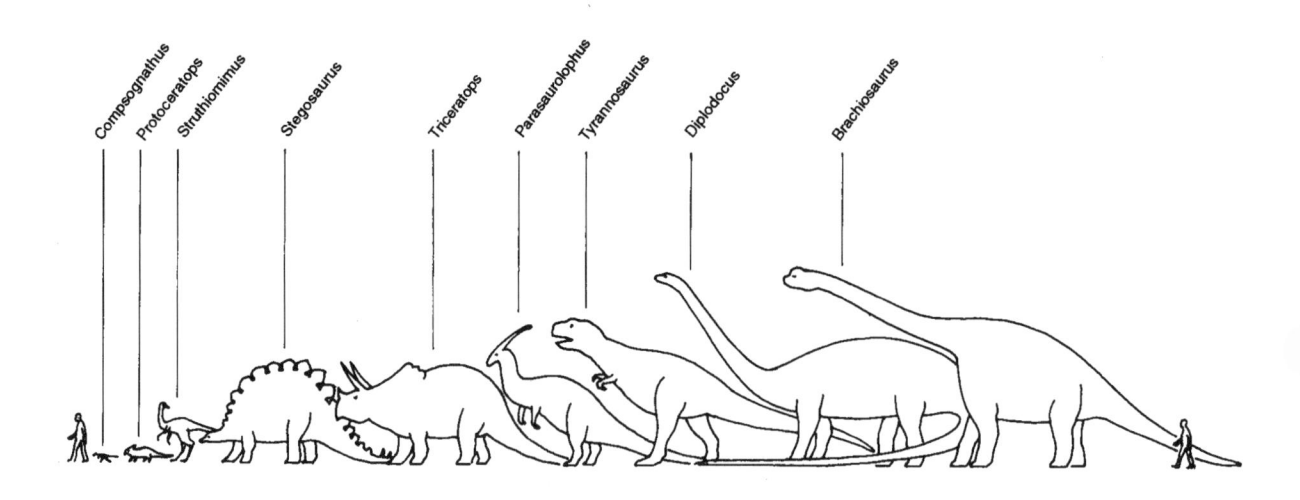

Hier siehst du einen der ganz kleinen Saurier:
Das Huhn und der Compsognathus haben sich in Wirklichkeit natürlich nicht getroffen. Die Zeichnung soll nur die ungefähren Größenverhältnisse zeigen.

Die Zähne

Hier siehst du den Zahn eines Tyrannosaurus in Originalgröße!
Vergleiche ihn mit anderen Tierzähnen, die du kennst.

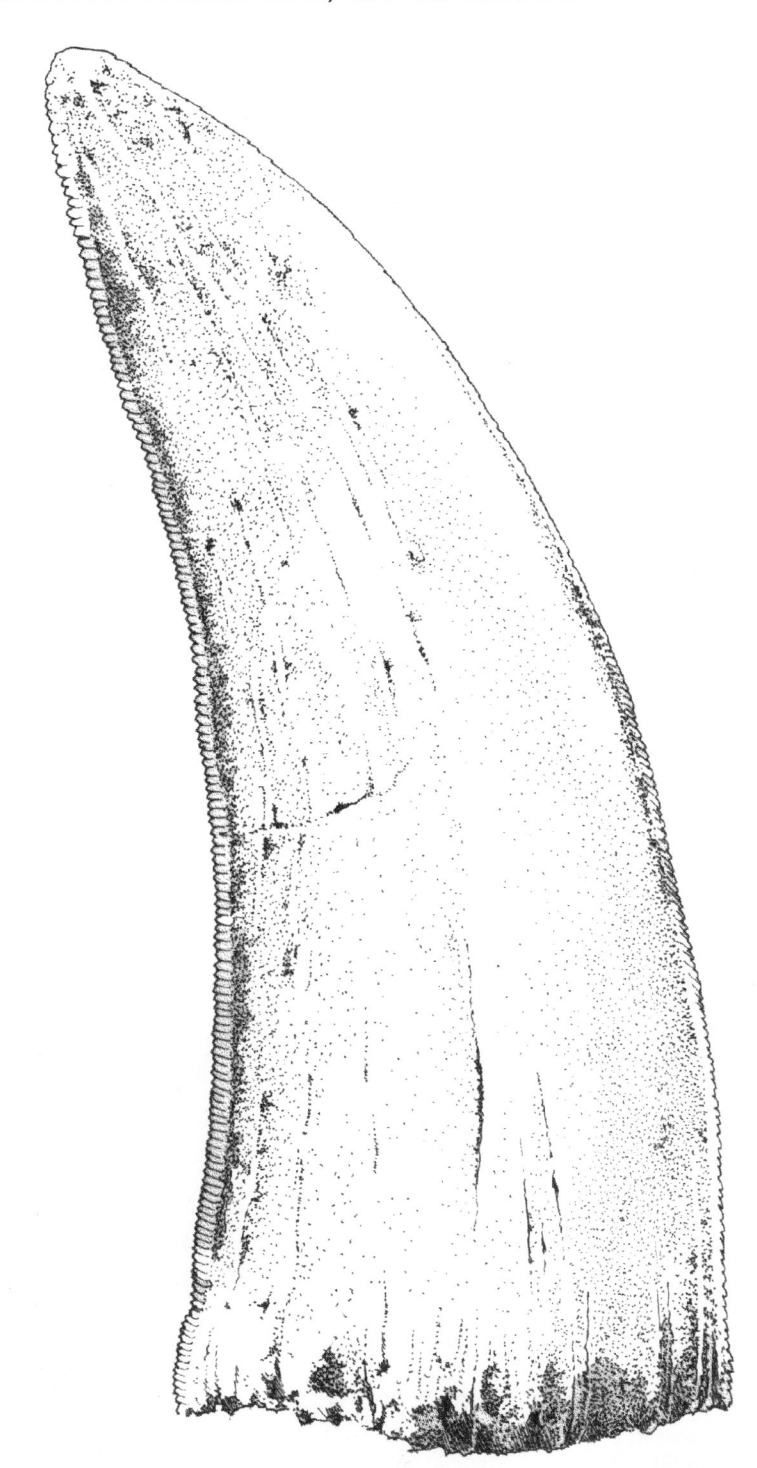

Weitere Beispiele:
Allosaurus hatte 5 bis 10 cm lange Zähne, die Zähne der kleinen Raubsaurier waren 1 bis 3 cm lang.

Schnelligkeit und Gewicht

Hier siehst du ein paar Beispiele.
Vergleiche mit heute lebenden Tieren!

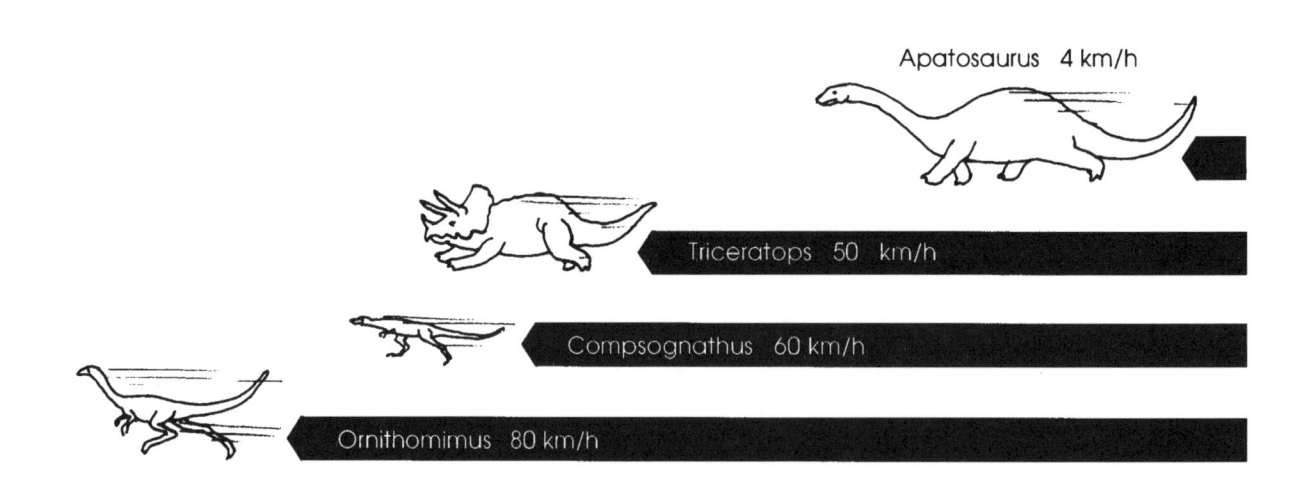

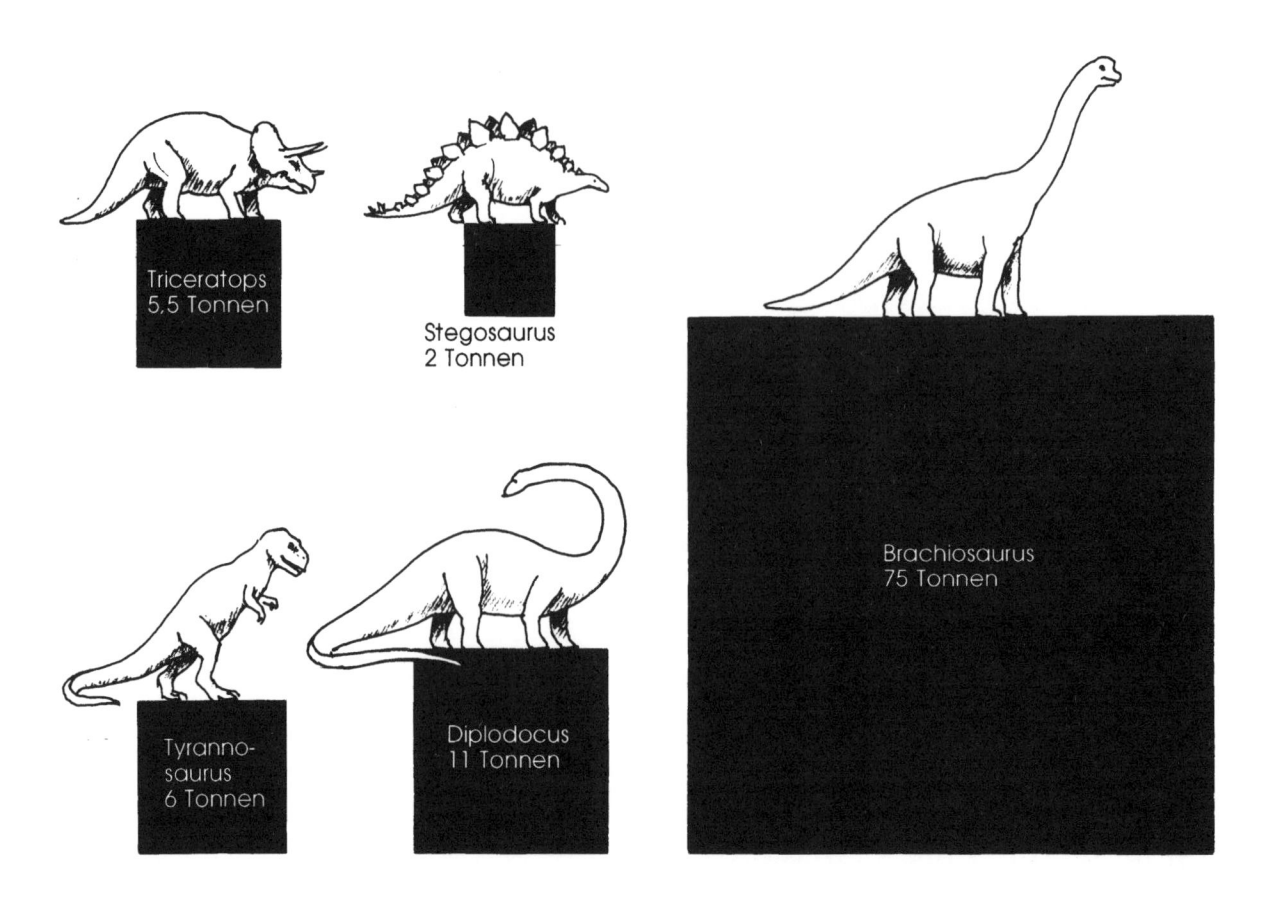

Apatosaurus 4 km/h
Triceratops 50 km/h
Compsognathus 60 km/h
Ornithomimus 80 km/h

Triceratops 5,5 Tonnen
Stegosaurus 2 Tonnen
Tyrannosaurus 6 Tonnen
Diplodocus 11 Tonnen
Brachiosaurus 75 Tonnen

Verständigung

Anhand der gefundenen Dinosaurierknochen können die Wissenschaftler nicht feststellen, ob die Saurier Laute von sich geben konnten oder nicht.

Die Entenschnabelsaurier lassen aber einige Vermutungen zu. Das von der Nase ausgehende Gebilde (wie ein rückwärts gerichtetes Horn oder ein Kamm) war innen hohl und könnte dazu gedient haben, Laute zu bilden. Wahrscheinlich konnten die Saurier Luft durch diese Röhren blasen und so trompetenartige oder heulende Töne erzeugen.

Es ist denkbar, dass auch die Saurier Warnrufe brauchten. Wenn eine Herde Saurier im dichten Wald Pflanzen fraß, könnte ein „Saurierwächter" Warnrufe ausgestoßen haben, wenn sich Feinde näherten.

Panzer – Knochenplatten – Hörner

Die Saurier, welche Fleisch fraßen, hatten meist sehr scharfe Zähne und Klauen. Damit konnten sie ihre Feinde angreifen oder die Beute packen und festhalten.

Aber auch diejenigen Saurier, die sich von Pflanzen ernährten, hatten sehr wirkungsvolle Waffen entwickelt. Einige Saurierarten wurden sehr groß, da hatten kleinere Fleischfresser gar keine Chance. Oder sie lebten in Herden, was ihnen auch einen gewissen Schutz bot.

Aber auch kleiner gewachsene Saurier entwickelten spezielle Schutzvorrichtungen.

Hier siehst du ein paar Beispiele: Der Panzer der Ankylosaurier schützte Kopf, Rücken, Schwanz und auch die Außenseite, nicht aber den Bauch.

Die Stegosaurier hatten Platten und Stacheln, die den Rücken und den Schwanz schützten. Die Seiten waren schlecht geschützt.

Die Hornsaurier hatten riesige Köpfe mit knochigen Halskrausen und furchterregenden Hörnern. Rücken und Seiten waren aber nicht gepanzert.

Saurierkämpfe

Kämpfe zwischen den Sauriern fanden bestimmt statt.

Einerseits waren es Kämpfe zwischen Fleisch- und Pflanzenfressern. Wurden Pflanzenfresser angegriffen, verteidigten sie sich natürlich so gut es ging.

Andererseits gab es auch Kämpfe unter Pflanzenfressern.

Hatte einer einen guten Futterplatz gefunden, wollte er ihn wahrscheinlich nicht mit einem anderen Tier teilen und verteidigte seine Futterquelle.

Aber auch Kämpfe unter Fleischfressern waren sicher an der Tagesordnung. Sei es, wenn es ums Teilen der Beute ging oder wie bei allen Tieren, wenn es Revierkämpfe oder Balzkämpfe gab.

Eier

Es klingt fast unglaublich, aber auch die riesigsten Saurier haben Eier gelegt, aus denen ihre Babys geschlüpft sind.

Die Eier der kleinen Saurier waren ungefähr so groß wie Hühnereier. Die Eier vom großen Saurier Diplodocus zum Beispiel waren aber ca. 20 cm lang und mussten an die 5 kg gewogen haben.

Die Dinosaurier haben sich also so fortgepflanzt, wie es die heutigen Reptilien immer noch tun.

Bei Ausgrabungen haben Wissenschaftler auch versteinerte Eier gefunden. In Frankreich wurden sogar Versteinerungen von schlüpfenden kleinen Hornsauriern gefunden.

Damit ein kleiner Saurier in einem Ei genug Platz hatte, war er ganz klein zusammengerollt.

So könnte es in einem Dinosaurier-Ei ausgesehen haben:

Das größte Dinosaurier-Ei, das man bis jetzt gefunden hat, ist 45 cm lang. Das scheint auf den ersten Blick sehr groß zu sein, wenn man aber bedenkt, wie groß die Elterntiere waren, ist das gar nicht mehr so riesig.

Der Saurier, der solche Rieseneier legte, heißt Therizinosaurus.

Eier legen

Von Protoceratops weiß man, dass er seine Eier in Löchern verscharrte, welche er in den Sand gegraben hatte. Das Weibchen legte zwölf oder mehr Eier in ihr Nestloch. Die schmalen Enden der Eier zeigten nach innen.

Die Weibchen der Hadrosaurier haben ihre Eier auch in eine Art Nest gelegt. Wissenschaftlerinnen und Wissenschaftler fanden Lehmnester, welche ganz nahe beieinander lagen. Es gab also Nistkolonien, wie es sie heute bei Seevögeln gibt.

Bis die kleinen Dinosaurier schlüpften, mussten die Eier warm bleiben. Die schweren Dinosaurier konnten sich aber nicht wie die Vögel auf ihre Eier setzen, sonst wären sie ziemlich sicher zerbrochen. Vermutlich haben sie ihre Eier mit Pflanzenmaterial und Erde zugedeckt.

Über die Jungen der Maiasaurier weiß man ziemlich gut Bescheid, weil man viele Funde von ihnen gemacht hat. Forscherinnen und Forscher haben herausgefunden, dass die Kleinen beim Schlüpfen nur etwa 20 cm groß waren. Man vermutet, dass sie mit ungefähr ein bis zwei Monaten das Nest verlassen haben. Dann waren sie bereits 1,50 m lang.

Dinosaurier-Familien

Die Wissenschaftlerinnen und Wissenschaftler haben noch nicht sehr viel über die Fortpflanzung und das Zusammenleben der Dinosaurier herausgefunden. Es gilt aber als sicher, dass viele Saurier in Gruppen und auch in familienähnlichen Verbänden lebten.

Lange Zeit glaubte man, dass alle Dinosaurier ihre Eier in die Erde ablegten und die geschlüpften Jungen dann sich selbst überlassen waren, so wie es bei den heutigen Reptilien meistens der Fall ist.

Neuere Funde zeigen aber, dass es auch Saurier gab, welche ihre Kinder an bewachten Brutplätzen aufzogen, sich um sie kümmerten und sie wahrscheinlich auch fütterten.

Bei den Maiasauriern war das so. Sie sorgten für ihre Jungen, bis diese sich allein versorgen konnten. Auch die größeren Maiasaurierkinder blieben in Gruppen zusammen.

Man fand ein versteinertes Nest der Maiasaurier mit Jungtieren zwischen 50 cm und 2 m Länge, die also alle verschieden alt waren.

Aussterben 1

Vor 65 Millionen Jahren starben die Saurier aus. Der Grund für dieses Verschwinden ist immer noch nicht klar. Umso mehr Vermutungen haben die Wissenschaftlerinnen und Wissenschaftler darüber angestellt. Viele davon konnten nicht bestätigt werden, andere klingen wahrscheinlicher und können auch belegt werden.

Eine Vermutung ist, dass die riesigen pflanzenfressenden Saurier alles kahl gefressen hätten und dann ausstarben, weil sie nicht mehr genug Nahrung fanden. Als es dann keine Pflanzenfresser mehr gab, mussten auch die Raubsaurier verhungern. Denn nun hatten auch sie nichts mehr zu fressen.

Andere vermuten, dass es genau umgekehrt war. Die Raubsaurier hätten alle Pflanzenfresser ausgerottet und so ihr eigenes Aussterben herbeigeführt.

Aussterben 2

Wieder andere behaupten, dass die ersten Säugetiere den Dinosauriern alle Eier weggefressen hätten und es deshalb keinen Dinosauriernachwuchs mehr gab.

Aber keine dieser Theorien berücksichtigt die Tatsache, dass die Saurier alle gleichzeitig von der Erde verschwunden und mit ihnen auch viele andere Tiere ausgestorben sind. Das hat die Fachleute vermuten lassen, dass es auf der Erde eine Katastrophe gegeben hat.

Man weiß auch, dass sich in der Zeit, in der die Dinosaurier lebten, die Kontinente verschoben haben. Das führte zu vielen Vulkanausbrüchen. Viele Jahre lang verdunkelte der Rauch aus den Vulkanen den Himmel, und die Luft war voll von giftigen Gasen. Eine Theorie ist, dass ohne genügend Licht die Pflanzen starben. Aus diesem Grund kamen dann die pflanzenfressenden Saurier um und am Schluss verhungerten die Fleischfresser.

Aussterben 3

Ein weiterer Grund für das Aussterben könnte sein, dass sich das Klima auf der ganzen Welt verändert hat. In den tropisch warmen Gebieten wurde es plötzlich sehr kalt. Die riesigen Dinosaurier konnten sich nicht so rasch an den Temperaturwechsel anpassen und mussten deshalb sterben.

Im Jahr 1980 kam noch eine andere Theorie dazu: Geologen fanden heraus, dass vor 65 Millionen Jahren ein riesiger Meteorit (das ist ein Bruchstück eines Sterns) auf die Erde gestürzt ist. Dieser Einschlag muss so viel Staub aufgewirbelt haben, dass die Sonne jahrelang verdeckt war.

Eine andere Vermutung ist deshalb, dass die Dinosaurier vom Staub und von der Dunkelheit so geschwächt waren, dass sie nicht überleben konnten. Sie starben vor Hunger und Kälte.

Nach den Dinosauriern

Die Lebewesen auf der Erde waren nach dem Aussterben der Dinosaurier nicht einfach verschwunden. Den Überlebenskampf haben viele Reptilien gewonnen, wie zum Beispiel die Krokodile, die Schildkröten und die Eidechsen.

Aber auch die Säugetiere und die Vögel haben überlebt und den Platz der ausgestorbenen Saurier eingenommen.

In den Meeren haben viele Fische und wirbellose Meeresbewohner überlebt und auch die Frösche in den Seen sind nicht ausgestorben.

Die Natur brauchte nach dieser Katastrophe aber mehr als zwei Millionen Jahre, um sich wieder zu erholen.

In dieser langen Zeit breiteten sich auf der Erde Insekten und Blütenpflanzen weiter aus.

In den Meeren konnte sich neues Leben entfalten und es entwickelten sich die ersten Wale und Delfine. Neue Arten von Krebsen und Schalentieren traten auf.

Die Vögel wurden die Herrscher in der Luft und auf dem Land behaupten sich seitdem die Säugetiere.

Sauriernamen

Antwort

Die Saurier wurden von den Wissenschaftlerinnen und Wissenschaftlern getauft.

Die meisten erhielten ihren Namen wegen einem bestimmten Körpermerkmal. Andere wurden nach ihren Fundorten benannt. Wieder andere bekamen ihren Namen aufgrund von Besonderheiten in ihrem Verhalten.

Sauriernamen

Frage

Wer hat den Sauriern ihre Namen gegeben?

Die Zeit der Dinosaurier

Frage

Wann lebten die Dinosaurier?

Die Zeit der Dinosaurier

Antwort

Die Dinosaurier erschienen vor 225 Millionen Jahren auf der Erde. Dieses Erdzeitalter nennt man Trias. Auch in der nachfolgenden Zeit (Jura) lebten viele Dinosaurier auf unserem Planeten. Die Evolution der Dinosaurier ging weiter und in der Kreidezeit tauchten zum ersten Mal Tyrannosaurus und Triceratops auf.
Vor etwa 65 Millionen Jahren, am Ende der Kreidezeit, starben alle Dinosaurier aus.

Zeit

Frage

Haben alle Dinosaurier zur gleichen Zeit gelebt?

Zeit

Antwort

Nein, sie lebten nicht alle zur gleichen Zeit. Im Laufe der Zeit sind einige Arten ausgestorben und neue sind entstanden.

Einige Dinosaurierarten haben sich getroffen, andere haben sich nie gesehen.

Zum Beispiel sind die Plateosaurier ausgestorben, lange bevor die Ankylosaurier lebten.

Tierart

Frage

Was für Tiere waren Dinosaurier?

Tierart

Antwort

Dinosaurier sind ausgestorbene Reptilien, die vor vielen Millionen Jahren auf unserer Erde gelebt haben.

Man nimmt an, dass sie eine trockene, schuppige Haut hatten.

Wie unsere heutigen Reptilien legten sie Eier.

Fossilien

Antwort

An den Knochen kann man Größe und Gestalt eines Tieres ablesen. Die Form der Gelenke bestimmt die Körperhaltung. Die Zähne verraten, wie sich das Tier ernährt hat.

Die Fossilien werden mithilfe von Kenntnissen über heute lebende Tiere zusammengesetzt.

Wer Fossilien untersucht, muss detektivisch vorgehen und mit vielen anderen Wissenschaftlerinnen und Wissenschaftlern zusammenarbeiten.

Fossilien

Frage

Wie können Paläontologen anhand von Fossilien herausfinden, wie Dinosaurier ausgesehen haben?

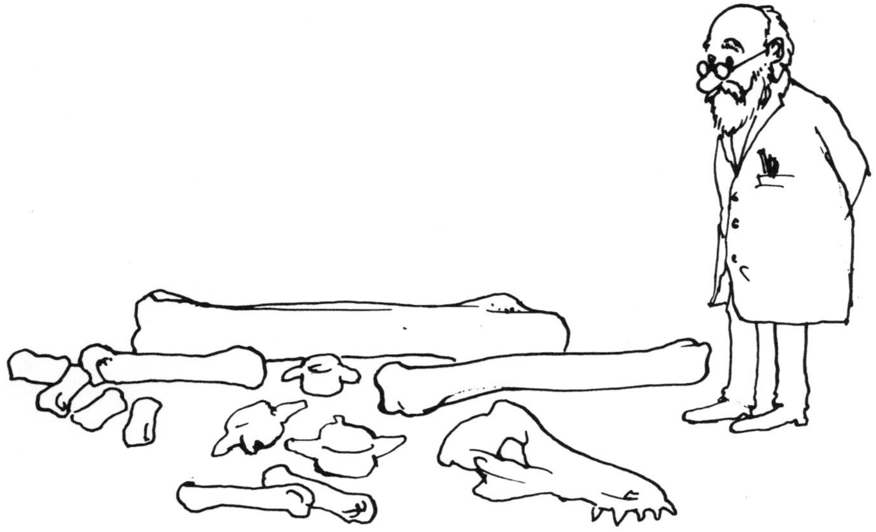

Fortbewegung

Frage

Gab es auch Dinosaurier, die fliegen oder schwimmen konnten?

Fortbewegung

Antwort

Nein, wenn man von **Dinosauriern** spricht, meint man nur diejenigen Tiere, welche auf dem Land lebten. Sie konnten nicht unter Wasser atmen, nicht schwimmen und auch nicht fliegen.

Diese Tiere gehören deshalb nicht zu den Dinosauriern:

Ichthyosaurier waren Meerestiere, sie lebten nur im Wasser. Plesiosaurier lebten ebenfalls im Wasser. Sie hatten Flossen.

Pterosaurier konnten fliegen, man nennt sie deshalb auch Flugsaurier.

Nahrung

Antwort

Man kann die Dinosaurier in zwei Gruppen unterteilen. Die einen waren Raubtiere und ernährten sich von Fleisch. Die anderen waren Pflanzenfresser und fraßen nur pflanzliche Nahrung.

Bei den meisten Sauriern mussten die Forscher und Forscherinnen die versteinerten Gebisse studieren, um herauszufinden, wovon sie sich ernährt haben.

Man hat nur von wenigen Sauriern fossilen Mageninhalt gefunden.

Nahrung

Frage

Wovon haben sich die Dinosaurier ernährt?

Größe
Frage

Waren die Dinosaurier wirklich so riesig?

Größe
Antwort

Ja, die Dinosaurier sind die größten Landtiere, die jemals gelebt haben.

Diplodocus war mindestens 25 m lang. Ein Ultrasaurus, der 1979 in Colorado gefunden wurde, war über 30 m lang und 18 m groß.
Den längsten Hals hatte wahrscheinlich der Mamenchisaurus. Er war 11 m lang.
Den längsten Schädel hatte der Torosaurus. Sein ganzer Schädel war so lang wie ein Auto.

Groß und klein

Antwort

Nein, es gab auch kleine Dinosaurier.
Viele Dinosaurier waren nicht größer als unsere Hauskatzen.
Compsognathus zum Beispiel war nur etwa 60 cm lang und wog ungefähr 3 kg.
Lesothosaurus war knapp 1 m lang.

Groß und klein

Frage

Waren alle Dinosaurier so riesig?

Langer Hals

Frage

Welchen Vorteil brachte manchen Sauriern ein so langer Hals?

Langer Hals

Antwort

Dank ihrem langen Hals konnten einige Saurier auch die höchsten Baumwipfel erreichen.

Aber auch für den Elasmosaurus brachte ein langer Hals Vorteile.

Er konnte damit gut vorbeifliegende Pterosaurier fangen, seinen Hals aber auch tief ins Wasser tauchen, um Meerestiere zu fressen.

Langer Schwanz

Antwort

Apatosaurus zum Beispiel brauchte seinen gewaltigen Schwanz als Gegengewicht zu seinem langen Hals.

Ohne ihn hätte er seinen Kopf nicht über dem Boden halten können, er wäre einfach nach vorne gekippt.

Langer Schwanz

Frage

Wozu diente manchen Dinosauriern ein so langer Schwanz?

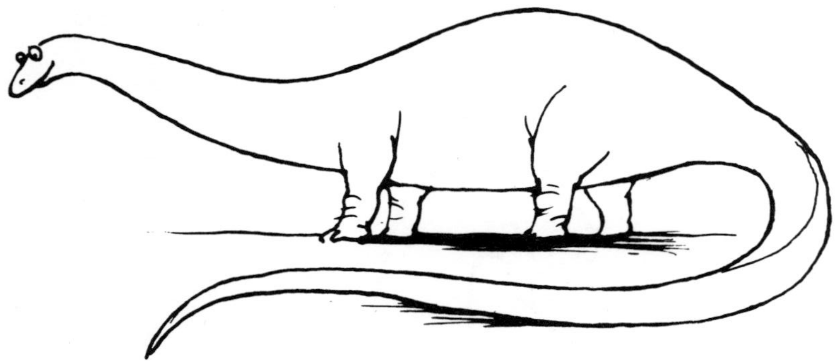

Intelligenz
Frage

Wie intelligent waren die Dinosaurier?

Intelligenz
Antwort

Dinosaurier waren viel klüger, als man früher gedacht hat.

Obwohl sie ein ziemlich kleines Gehirn hatten, konnten sie gut sehen, hören und riechen. Wahrscheinlich waren sie klüger als die meisten Reptilien, aber nicht so intelligent wie die heutigen Säugetiere.

Schnelligkeit

Antwort

Ja, einige waren sogar sehr schnell. Wissenschaftlerinnen und Wissenschaftler glauben, dass Ornithomimus ungefähr 80 km/h schnell laufen konnte. Vermutet wird, dass Dromiceiomimus noch schneller war. Compsognathus erreichte ca. 60 km/h, Triceratops brachte es noch auf 50 km/h.

Schnelligkeit

Frage

Gab es Dinosaurier, die schnell laufen konnten?

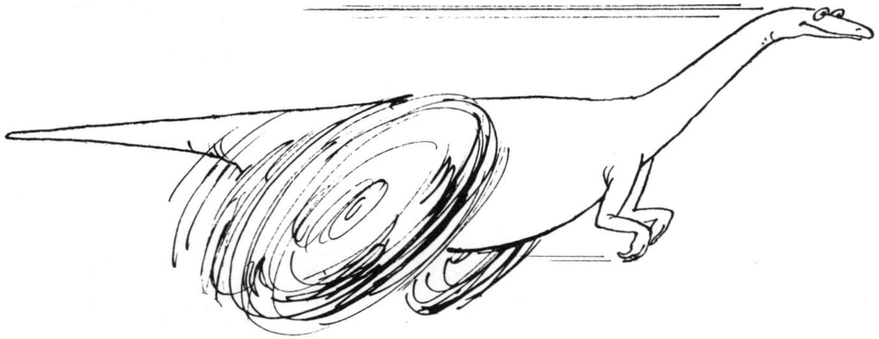

Verständigung

Frage

Wie konnten sich die Dinosaurier untereinander verständigen?

Verständigung

Antwort

Geräusche hinterlassen keine Spuren, deshalb ist diese Frage so schwierig zu beantworten. Forscherinnen und Forscher vermuten, dass einige Dinosaurier ähnliche Töne wie Elefanten hervorbringen konnten. Parasaurolophus hatte in seinem Kamm einen röhrenförmigen Hohlraum, damit konnte er vielleicht Trompetentöne erzeugen.

Panzer

Antwort

Ja, zum Beispiel Ankylosaurus und seine Verwandten.

Sein Körper war auf der Oberseite vom Kopf bis zum Schwanz mit dicken Knochenplatten bedeckt.

Außerdem hatte er an der Seite Stacheln und sein Schwanz hatte am Ende eine knöcherne Verdickung.

So ausgerüstet war dieser Pflanzenfresser sehr gut vor Angreifern geschützt.

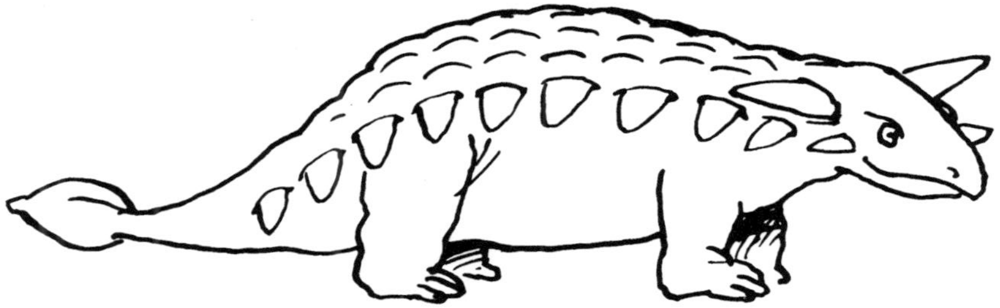

Panzer

Frage

Schützten sich manche Dinosaurier mit einem Panzer?

Knochenplatten
Frage

Welche Funktion hatten die Knochenplatten, die Stegosaurus auf seinem Rücken hatte?

Knochenplatten
Antwort

Man glaubt, dass die Knochenplatten für zwei Dinge gut waren:
Erstens für den Schutz bei Angriffen von Raubsauriern und zweitens für die Temperaturregulierung (wie Sonnenkollektoren, um Wärme zu sammeln oder wie Fächer, um sich abzukühlen).

Hörner

Antwort

Alle Horn-Dinosaurier waren Pflanzenfresser und konnten sich mit diesen Waffen wahrscheinlich gut gegen die meisten Raubtiere wehren.

Der bekannteste Saurier mit Hörnern ist Triceratops, der drei Hörner trug. Styracosaurus hatte sogar noch mehr Hörner.

Alle Dinosaurier mit Hörnern hatten auch eine spezielle Schnauze. Sie sah einem Schnabel ähnlich.

Hörner

Frage

Einige Dinosaurier hatten Hörner. Wozu dienten diese?

Eier

Frage

Legten Dinosaurier viele Eier?

Eier

Antwort

Diese Frage ist schwierig zu beantworten, weil nur wenig versteinerte Nester mit Eiern gefunden worden sind.
Von Protoceratops hat man Nester mit 30 bis 35 Eiern gefunden.
Viele Fossilien von Protoceratops und auch Nester mit Eiern wurden in der Wüste Gobi entdeckt.

Aussterben

Antwort

Warum am Ende der Kreidezeit alle Dinosaurier von der Erde verschwunden sind, ist nicht endgültig geklärt. Die Fachleute haben darüber aber verschiedene Theorien aufgestellt.

Ziemlich sicher gibt es nicht nur einen einzigen Grund dafür, sondern es ist ein Zusammentreffen verschiedener Ereignisse (Klimaveränderung, Vulkanausbrüche, Meteoriteneinschlag).

Es sind zu dieser Zeit nicht nur die Dinosaurier ausgestorben, sondern auch Meeres- und Flugechsen, Ammoniten und viele andere Lebewesen.

Aussterben

Frage

Warum gibt es keine Dinosaurier mehr?

Lexikon

Algen	Algen sind sehr einfache Pflanzen, die in feuchter Umgebung wachsen. Im Meer wachsen viele Algenarten.
Ammoniten	Ammoniten sind urzeitliche Tintenfische, die ein gewundenes Gehäuse trugen, das wie ein flaches Schneckenhaus aussieht. Ammoniten sind ausgestorben. Sie waren in der Urzeit aber sehr häufig, deshalb findet man auch viele versteinerte Ammoniten.
Amphibien	Die Larven der Amphibien leben im Wasser. Sie wandeln sich dann in einen Körper um, der auch an das Leben auf dem Land angepasst ist. Sie haben eine nackte Haut und legen ihre Eier im Wasser ab. Frösche, Kröten und Salamander gehören zu den Amphibien.
Bakterien	Bakterien sind einfachste Kleinstlebewesen.
Blaualgen	Blaualgen gehören zu den ersten Lebewesen, die auf der Erde gelebt haben. Sie sind trotz ihrem Namen keine Pflanzen, sondern Bakterien.
Brunstzeit	Brunstzeit ist die Zeit, in der die Tiere sich paaren.
Dinosaurier	Dinosaurier waren eine große Gruppe von Reptilien. Sie lebten auf dem Land und hatten aufrecht gestellte Beine.
Farne	Farne sind urzeitliche Pflanzen mit langen Blättern, die man Wedel nennt. Farne sind auch heute noch weit verbreitet und häufig.

Flugsaurier	Flugsaurier waren flugfähige Reptilien. Ihre Flügel waren mit Flughäuten bespannt. Sie waren verwandt mit den Dinosauriern.
Fossil	Ein Fossil ist ein in der Erde konservierter Überrest eines urzeitlichen Tieres oder einer Pflanze.
Geologie	Geologie ist die Wissenschaft von der Zusammensetzung und dem Ursprung der Gesteine.
Kaltblüter	Kaltblüter nennt man Tiere, deren Körpertemperatur sich der Umgebung angleicht und mit dieser steigt und fällt. Kaltblüter brauchen die Sonne, um sich aufzuwärmen.
Kontinent	Kontinent heißt eigentlich Festland, meistens ist damit ein Erdteil gemeint.
Lagune	Eine Lagune ist ein flacher, nicht sehr tiefer Strandsee an einer Meeresküste.
Meteorit	Ein Meteorit ist ein Block aus Stein oder Eisen im Weltall.
Reptilien	Reptilien sind kaltblütige Wirbeltiere. Ihr Körper ist mit Schuppen oder mit einem Knochenpanzer bedeckt. Ihre Jungen schlüpfen aus Eiern.
Paläontologie	Paläontologie ist die Wissenschaft von Tieren und Pflanzen aus der Urzeit.
Präparatorinnen/ Präparatoren	Diese Fachleute sind darauf spezialisiert, Fossilien aus dem Gestein zu lösen und zu konservieren.

Quallen	Quallen sind Meerestiere mit einem schwabbeligen, schirmförmigen Körper mit vielen giftigen Fangarmen.
Revier	Ein Revier ist ein begrenztes Gebiet, das ein Tier als Lebensraum für sich beansprucht.
Säugetiere	Säugetiere sind warmblütige, meistens behaarte Tiere. Ihre Jungen kommen lebend zur Welt und werden gesäugt. Nur ganz wenige legen Eier.
Schachtelhalm	Schachtelhalm ist eine Pflanze, die auch heute noch wächst. In der Umgangssprache wird sie auch „Katzenschwanz" oder Zinnkraut genannt. An einem dünnen grünen Stiel wachsen nadelartige Seitentriebe.
Sonnenkollektoren	Sonnenkollektoren sind Geräte, um das Sonnenlicht in Wärme oder elektrischen Strom umzuwandeln.
Trilobiten	Trilobiten sind krebsähnliche Tiere, die in den Meeren der Urzeit lebten. Zur Zeit der Dinosaurier waren sie aber bereits ausgestorben.
Warmblüter	Warmblüter nennt man Tiere, deren Körpertemperatur unabhängig von der Außentemperatur gleich bleibt.